KB177420

The Catcher
in the Rye

호밀밭의 파수꾼

두근두근 확장 영어 04

The Catcher in the Rye 호밀밭의 파수꾼

© 선진호 2021

초판 1쇄 인쇄 2021년 2월 3일
초판 1쇄 발행 2021년 2월 10일

원작 제롬 데이비드 샐린저 | **편저** 선진호
펴낸이 박지혜

기획·편집 박지혜 | **마케팅** 윤해승 최향모
디자인 this-cover | **일러스트레이션** @illdohhoon
제작 더블비

펴낸곳 ㈜멀리깊이
출판등록 2020년 6월 1일 제406-2020-000057호
주소 10881 경기도 파주시 광인사길 127
전자우편 murly@munhak.com
편집 070-4234-3241 | **마케팅** 02-2039-9463 | **팩스** 02-2039-9460
인스타그램 @murly_books
페이스북 @murlybooks

ISBN 979-11-971396-9-7 14740
　　　979-11-971396-0-4 (세트)

* ㈜멀리깊이는 ㈜휴먼큐브의 출판유닛입니다.

두근두근
확장 영어 04

호밀밭의 파수꾼

책장만 넘기면 문장이 완성되는 완벽한 어순 학습법

The Catcher in the Rye

원작 제롬 데이비드 샐린저 **편저** 선진호

멀린퐁

"난 영어를 못해."

아마도 대한민국의 많은 영어 학습자들이 이런 생각을 하겠지만 의외로 여러분은 많은 양의 영단어를 알고 있습니다. 책상, 자동차, 나무, 하늘 등 눈앞에 보이는 대부분의 영어 이름을 알고 있을 정도니까요. 그럼에도 불구하고 영어가 어려운 이유는 뭘까요? 아마도 어순 때문이겠지요.

영어의 어순은 한국어와 정반대입니다. 이미 우리 머릿속에서 공고하게 완성된 어순 체계를 모두 해체해서 내뱉으려니 머릿속은 뒤죽박죽이 되어버리지요. 그러니 차근차근 영어 어순을 학습하는 과정이 반드시 필요합니다. 차근차근 한 단어씩 순서대로 늘려 나갈 수만 있다면 긴 문장을 말하는 일도 어려운 일이 아니게 됩니다.

두근두근 확장 영어 시리즈는 바로 이 어순을 완벽하게 학습할 수 있도록 구성했습니다. 책장을 넘기다 보면 어느새 긴 문장이 완성되어 있게끔요. 더욱 즐겁게 학습하실 수 있도록 한국인이 사랑하는 명작을 확장형 어순 프로그램에 맞춰 구성했습니다. 아마도 이 책을 모두 학습하고 나면, 원서 한 권을 읽은 듯한 감동과 뿌듯함을 느끼실 수 있을 거예요.

모든 확장형 문장이 듣고 빈칸을 채우는 딕테이션(dictation)으로 구성되었다는 것도 큰 장점입니다. 딕테이션만큼 몰입해서 학습하기에 좋은 방법이 없지요. 패턴이 길어지는 과정을 반복적으로 듣고 적는 훈련을 통해 자연스럽게 어순을 익힐 수 있을 겁니다.

여러분이 원서 속의 주인공들을 만날 생각을 하니 무척이나 설렘니다. 이 책이 여러분의 사랑을 듬뿍 받을 수 있도록 손을 모아봅니다.

2021년 선진호

Step 1 책장만 넘기세요.
문장이 저절로 길어집니다!

나는 말하려 한다.

I _____

* am going to ~을 말 같아다(튼 be going to)

❶ 모든 문장은 영어에서 가장 많이 쓰는 기본 패턴으로 구성했습니다. 책장을 넘길 때마다 영어의 어순대로 문장이 늘어나기 때문에, 우리말과 다른 영어 어순을 자연스럽게 익힐 수 있습니다.

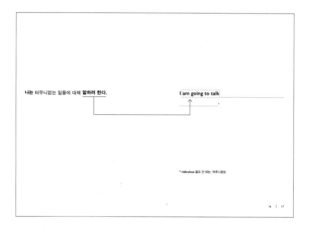

나는 터무니없는 일들에 대해 **말하려 한다.**

I am going to talk

* ridiculous 말도 안 되는, 터무니없는

❷ 책장을 넘기면 앞 페이지에 있던 빈칸 문장이 자연스럽게 완성됩니다. 모르는 표현이 나와도 당황하지 마세요. 책장을 넘기면, 정답이 보입니다!

QR코드를 재생하세요.
저절로 문장이 완성됩니다!

나는 말하려 한다.   I _____.

* am going to ~을 할 것이다(be going to)

* 확장형 문장이 시작하는 모든 페이지에는 듣기용 QR코드가 있습니다. 자연스럽게 빈칸을 채우는 딕테이션(dictation: 들리는 대로 받아쓰기) 학습을 할 수 있어, 최상의 집중력으로 단기간에 어학 실력을 끌어올릴 수 있습니다.
* 스마트폰 카메라로 QR코드를 찍으시면 듣기 파일이 재생됩니다.
* https://cafe.naver.com/murlybooks 에 들어오시면 mp3 파일을 다운로드 받으실 수 있습니다.

줄거리 문장을 읽으세요.
자연스럽게 원서 전체를 읽게 됩니다.

"You're quitting school, aren't you?"

"Yes, I think so."

"What do you think your parents would do if they heard the news?"

"I think they are going to get angry.

This was the fourth school

I moved to."

The teacher began to scold at me.

"학교를 그만두게(quitting) 되었다지?"

"예, 그럴 것 같습니다."

"부모님께서 그 소식을 들으시면(heard) 어떻게 하실 것 같니?"

"화를 내실(get angry) 것 같습니다. 이번이 네 번째로 옮긴 학교였으니까요."

선생님께서 내게 잔소리를 하기(scold) 시작했다.

52 | 53

---

*   확장형 문장으로 패턴을 익힌다면, 줄거리 문장을 통해 원서 읽기의 기쁨을 느낄 수 있습니다. 모두가 알지만 누구도 읽어 본 적 없는 원서 읽기! 두근두근 확장 시리즈로 경험해 보세요!

전문을 읽으세요.
두 배로 오래 기억하게 됩니다.

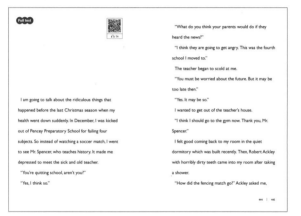

Full text

I am going to talk about the ridiculous things that happened before the last Christmas season when my health went down suddenly. In December, I was kicked out of Pencey Preparatory School for failing four subjects. So instead of watching a soccer match, I went to see Mr. Spencer, who teaches history. It made me depressed to meet the sick and old teacher.

"You're quitting school, aren't you?"

"Yes, I think so."

"What do you think your parents would do if they heard the news?"

"I think they are going to get angry. This was the fourth school I moved to."

The teacher began to scold at me.

"You must be worried about the future. But it may be too late then."

"Yes. It may be so."

I wanted to get out of the teacher's house.

"I think I should go to the gym now. Thank you, Mr. Spencer."

I felt good coming back to my room in the quiet dormitory which was built recently. Then, Robert Ackley with horribly dirty teeth came into my room after taking a shower.

"How did the fencing match go?" Ackley asked me,

---

* 확장형 문장과 줄거리 문장으로 익힌 필수 영어 패턴을 한 번에 정리할 수 있습니다. 출퇴근길이나 잠들기 전, 듣기 파일을 들으며 전체 문장을 소리 내어 읽어 보세요. 긴 문장 말하기, 여러분도 해낼 수 있습니다!

Contents

Preface · · · · · · · · · · · · · 4

Guideline · · · · · · · · · · · · 6

The Catcher in the Rye · · · · · 14

Full text · · · · · · · · · · · · · 444

The Catcher in the Rye

나는 말하려 한다.

I _____.

* am going to ~을 할 것이다(원 be going to)

나는 터무니없는 일들에 대해 말하려 한다.

I am going to talk _____
_____ .

* ridiculous 말도 안 되는, 터무니없는

나는 지난 크리스마스 시즌 전에 일어났던
터무니없는 일들에 대해 말하려 한다.

I am going to talk about the ridiculous things

_____

_____ .

* **happened** 일어났다, 발생했다(원 happen)

나는 내 건강이 나빠졌던 지난 크리스마스 시즌 전에
일어났던 터무니없는 일들에 대해 말하려 한다.

I am going to talk about the ridiculous things
that happened before the last Christmas
season _____ .

* went down 나빠졌다(원 go down)

나는 갑자기 내 건강이 나빠졌던 지난 크리스마스 시즌 전에 일어났던 터무니없는 일들에 대해 말하려 한다.

I am going to talk about the ridiculous things that happened before the last Christmas season when my health went down _____ .

나는 갑자기 건강이 나빠졌던 지난 크리스마스 시즌
전에 일어났던 터무니없는 일들에 대해 말하려 한다.

I am going to talk about the ridiculous things that happened before the last Christmas season when my health went down suddenly.

12월에, 나는 쫓겨났다.

In December, _____ .

* **kicked out** ~를 쫓아냈다(원 kick out)

12월에, 나는 펜시 사립 고등학교에서 쫓겨났다.

In December, I was kicked out _____

_____ .

* **Pencey preparatory school** 펜시(미국에서 대학 진학 준비를 위한) 사립 고등학교

12월에, 나는 네 과목에서 낙제해서 펜시 사립
고등학교에서 쫓겨났다.

In December, I was kicked out of Pencey Preparatory School _____ _____ .

* **fail** 실패하다, 낙제하다
* **subject** 과목, 학과

12월에, 나는 네 과목에서 낙제해
펜시 고등학교에서 쫓겨났다.

In December, I was kicked out of Pencey
Preparatory School for failing four subjects.

그래서 축구 시합을 보는 대신에,

So instead of , _____

_____

* soccer 축구
* match 시합, 경기

그래서 축구 시합을 보는 대신에, 나는 갔다.

So instead of watching a soccer match, _____
_____.

그래서 축구 시합을 보는 대신에,
나는 스펜서 선생님을 뵈러 갔다.

So instead of watching a soccer match, I went

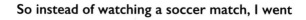.

* Mr. Spencer 스펜서 선생님

그래서 축구 시합을 보는 대신에, 나는 역사를
가르치는 스펜서 선생님을 뵈러 갔다.

So instead of watching a soccer match,
I went to see Mr. Spencer, _____
_____ .

* history 역사(학)

그래서 나는 축구 시합을 보는 대신 역사 과목을
가르치는 스펜서 선생님을 뵈러 갔다.

So instead of watching a soccer match, I went to see Mr. Spencer, who teaches history.

그건 나를 우울하게 만들었다.

It _____.

* depressed 우울한, 침체된

만나는 것은 **그건 나를 우울하게 만들었다.**

It made me depressed _____.

아프고 나이 든 선생님을 만나는 것은 그건 나를 우울하게 만들었다.

It made me depressed to meet _____

_____ .

* sick 아픈, 병든

아프고 나이 든 선생님을 뵙는 일은 나를 우울하게
만들었다.

It made me depressed to meet the sick and old teacher.

"You're quitting school, aren't you?"

"Yes, I think so."

"What do you think your parents would do if
they heard the news?"

"학교를 그만두게 _{quitting} 되었다지?"

"예, 그럴 것 같습니다."

"부모님께서 그 소식을 들으시면 _{heard} 어떻게 하실 것 같니?"

"I think they are going to get angry.

This was the fourth school

I moved to."

The teacher began to scold at me.

"화를 내실_{get angry} 것 같습니다. 이번이 네 번째로 옮긴 학교

였으니까요."

선생님께선 내게 잔소리를 하기|_{scold} 시작했다.

"You must be worried about the

  future. But it may be too late then."

"Yes. It may be so."

"자네는 장래future에 대해 틀림없이 걱정하게 될 거야. 하지만

  그때는 너무 늦지 않을까 모르겠구나."

"네. 그럴지도 모르겠네요."

I wanted to get out of the teacher's house.

"I think I should go to the gym now.

  Thank you, Mr. Spencer."

나는 선생님의 집에서 빠져나가고 싶었다.

"저는 이제 체육관gym으로 가봐야 할 것 같습니다.

  고맙습니다, 선생님."

돌아오면서 나는 기분이 좋아졌다.

I felt good _____.

내 방으로 돌아오면서 나는 기분이 좋아졌다.

I felt good coming back _____.

조용한 기숙사에 있는 내 방으로 돌아오면서 나는
기분이 좋아졌다.

I felt good coming back to my room _____

_____ .

* quiet 조용한, 한산한
* dormitory 기숙사, 공동 침실

지어진 조용한 기숙사에 있는 내 방으로 돌아오면서
나는 기분이 좋아졌다.

I felt good coming back to my room in the
quiet dormitory _____.

* **built** (~하게) 지어진

최근에 지어진 조용한 기숙사에 있는 내 방으로
돌아오면서 나는 기분이 좋아졌다.

I felt good coming back to my room in the quiet dormitory which was built _____.

* recently 최근에

최근에 지어진 조용한 기숙사의 내 방으로 돌아오니
기분이 좋아졌다.

I felt good coming back to my room in the quiet dormitory which was built recently.

그때, 로버트 애클리가 들어왔다.

Then, Robert Ackley _____ .

그때, 끔찍하게 더러운 이들을 가진 **로버트 애클리가** 들어왔다.

Then, Robert Ackley _____

_____ **came.**

* **with** ~를 가진
* **horribly** 끔찍하게, 지독하게
* **dirty** 더러운, 지저분한

그때, 끔찍하게 더러운 이들을 가진 로버트 애클리가
내 방으로 들어왔다.

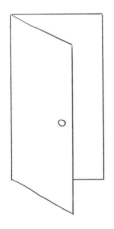

Then, Robert Ackley with horribly dirty teeth came _____ .

그때, 끔찍하게 더러운 이들을 가진 로버트 애클리가
샤워를 한 후에 내 방으로 들어왔다.

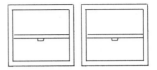

Then, Robert Ackley with horribly dirty teeth came into my room _____ _____ .

* take a shower 샤워를 하다

그때, 끔찍하게 더러운 이를 가진 로버트 애클리가
샤워를 마치고 내 방으로 들어왔다.

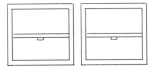

Then, Robert Ackley with horribly dirty teeth
came into my room after taking a shower.

"How did the fencing match go?"

Ackley asked me, fingering my things.

"There was no match."

"How could that happen?"

"펜싱 시합match은 어떻게 됐어?"

애클리는 내 물건들을 만지작거리며fingering 물었다.

"시합이 없었어."

"어떻게 그럴 수 있어?"

"I left all the fencing gear on the
subway."

"Really? Aren't you the captain supposed to
pay for everything?"

He cut his nails sneering at me.

"Ackley! Damn it. Can't you cut those dirty
nails on the table?"

"펜싱 기구들gear을 지하철subway에 몽땅 놓고 내렸거든."

"그래? 주장captain인 네가 다 변상해야 하는 거 아냐?"

그는 내게 빈정거리며sneering 손톱을 잘랐다.

"애클리! 제기랄. 그 지저분한 손톱 좀 탁자 위에서
깎지 못해?"

그때, 내 룸메이트 스트라드레이터가 황급히
들어왔다.

At that time, my roommate Stradlater

_____ .

* **rush** 급히 움직이다, (너무 급히) 서두르다

그때, 내 룸메이트 스트라드레이터가 방 안으로
황급히 들어왔다.

At that time, my roommate Stradlater rushed

_____.

그때, 내 룸메이트 스트라드레이터가 그가 가지고
있는 듯이 방 안으로 황급히 들어왔다.

At that time, my roommate Stradlater rushed into the room _____ .

그때, 내 룸메이트 스트라드레이터가 무언가 급한
일을 그가 가지고 있는 듯이 방 안으로 황급히
들어왔다.

At that time, my roommate Stradlater rushed

into the room as if he had _____

_____ .

* urgent 긴급한, 시급한

그때, 나의 룸메이트 스트라드레이터가 급한 일이 있는 듯이 황급히 방 안으로 들어왔다.

At that time, my roommate Stradlater rushed into the room as if he had something urgent.

엄청난 미남인 스트라드레이터는 말했다.

Stradlater, _____

_____ **said.**

* handsome 잘생긴, 멋진

엄청난 미남인 스트라드레이터는 제인 갤러허를 만날 예정이라고 말했다.

Stradlater, who is a really handsome man, said

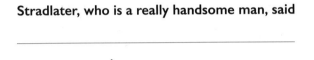

_____.

* Jane Gallagher 제인 갤러허

엄청난 미남인 스트라드레이터는 한때 살았던
제인 갤러허를 만날 예정이라고 말했다.

Stradlater, who is a really handsome man, said
he was going to meet Jane Gallagher, _____

_____

.

* once 언젠가, 한때

엄청난 미남인 스트라드레이터는 한때 내 옆집에
살았던 제인 갤러허를 만날 예정이라고 말했다.

Stradlater, who is a really handsome man, said he was going to meet Jane Gallagher, who once lived _____.

* next door 옆집의, 옆집에 (사는)

엄청난 미남인 스트라드레이터는 한때 내 옆집에
살았던 제인 갤러허를 만나러 간다고 말했다.

Stradlater, who is a really handsome man, said he was going to meet Jane Gallagher, who once lived next door to me.

나는 끝없이 초조해지기 시작했다.

I became nervous _____.

* **endlessly** 끝없이, 영원히

내가 생각했을 때 나는 끝없이 초조해지기 시작했다.

I became nervous endlessly _____

_____.

제인이 그런 못된 놈과 함께 있다고 내가 생각했을 때
나는 끝없이 초조해지기 시작했다.

I became nervous endlessly when I thought

_____ .

* such 그런, 그 정도의
* bad 나쁜, 형편 없는

제인이 그런 못된 자식과 함께 있을 생각을 하자
나는 끝없이 초조해졌다.

I became nervous endlessly when I thought

Jane is with such a bad guy.

Stradlater asked me to do his English writing homework and then went out.
I had no choice but to start writing about my brother, Allie.

스트라드레이터는 나에게 자신의 영어 작문writing 숙제를 해달라고 부탁한asked 뒤 밖을 나갔다.
나는 하는 수 없이had no choice but 내 동생 앨리에 대해 쓰기 시작했다.

[My brother used to write poems in
 green ink everywhere on the
baseball glove.
He was two years younger than me, but
about fifty times smarter.
But he died of leukemia in 1946.
The day he died, I smashed all the windows in
the garage with my fist.]

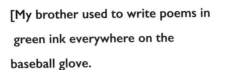

〔내 동생은 야구 글러브의 모든 곳에 초록색 잉크로 시poems를
써놓곤 했다.
그 애는 나보다 두 살 어렸지만, 50배 정도 더 똑똑했다.
그러나 그 애는 1946년에 백혈병leukemia으로 세상을 떠났다.
그 애가 죽던 날 나는 차고garage의 유리창을 전부 주먹fist으로
깨부쉈다smashed.〕

스트라드레이터가 돌아왔을 때,

When Stradlater _____ ,

스트라드레이터가 돌아왔을 때, 나는 그와 싸웠다.

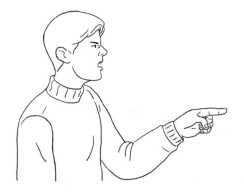

When Stradlater came back, 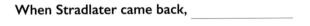 _____.

* **quarreled with** ~와 언쟁했다, 티격태격했다(원 quarrel with)

스트라드레이터가 돌아왔을 때, 나는 물어보다가
그와 싸웠다.

When Stradlater came back, I quarreled with
him _____.

스트라드레이터가 돌아왔을 때, 나는 그에게
물어보다가 그와 싸웠다.

When Stradlater came back, I quarreled with him while questioning _____.

스트라드레이터가 돌아왔을 때, 나는 그가 무엇을 했는지에 대해 그에게 물어보다가 그와 싸웠다.

When Stradlater came back, I quarreled with him while questioning him _____ _____ .

스트라드레이터가 돌아왔을 때, 나는 그가 제인과
무엇을 했는지에 대해 그에게 물어보다가 그와
싸웠다.

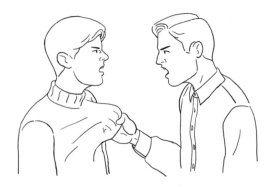

When Stradlater came back, I quarreled with him while questioning him about what he did

_____.

스트라드레이터가 돌아왔을 때, 나는 그에게 제인과
무엇을 했냐고 추궁하다가 그와 싸웠다.

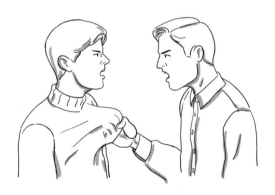

When Stradlater came back, I quarreled with him while questioning him about what he did with Jane.

나는 너무 외롭다고 느꼈다.

I felt _____ .

* lonely 외로운, 쓸쓸한

창 밖을 보았을 때 나는 너무 외롭다고 느꼈다.

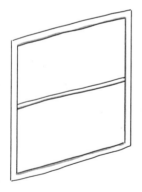

I felt so lonely, _____

_____.

* **looked** 보았다(원 look)
* **out** 밖으로

몸과 마음이 모두 지친 채로 창 밖을 보았을 때
나는 너무 외롭다고 느꼈다.

I felt so lonely, when I looked out the window

_____

_____ .

* both 둘 다
* mind 마음, 정신
* exhausted 기진맥진한, 탈진한

몸과 마음이 지친 채로 창 밖을 내다봤을 땐 너무나
외로웠다.

I felt so lonely, when I looked out the window with both my body and mind exhausted.

그래서 나는 다짐했다.

So I _____ **.**

* **made up mind** 속마음을 굳게 하다(원 make up mind)

그래서 나는 학교를 떠나기로 다짐했다.

So I made up my mind _____.

그래서 나는 당장 학교를 떠나기로 다짐했다.

So I made up my mind to leave school _____
_____.

* right away 즉시, 곧바로

그래서 나는 당장 학교를 나가기로 다짐했다.

So I made up my mind to leave school right away.

I walked to the station and took the train.
A few stops later, a beautiful middle-aged
woman sat next to me.

나는 역까지 걸어가서 기차train를 탔다.
몇 정거장 지났을 때, 아름다운 중년의middle-aged 여자가
내 옆next에 앉았다.

"Hey, isn't that a Pencey Preparatory
  School's sticker?"

"Yes."

"Oh! My son, Ernest, goes to Pencey too."

  I began to lie.

"저기, 그거 펜시 고등학교 스티커 아닌가요?"

"그렇습니다."

"어머! 내 아들 어니스트도 펜시에 다니는데."

나는 거짓말을 하기 시작했다.

"At first I thought Ernest was arrogant,
but he wasn't. He was modest. We all
wanted him to be class president."

"처음엔 어니스트가 건방지다고_{arrogant} 생각했지만,
그렇지 않았어요. 그는 겸손했어요. 우리는 모두 그가
반장_{class president}이 되길 원했죠."

"By the way, why do you go home before
  Christmas vacation?"
"Well... I have to get an operation. I have a
  tumor in my brain." She made a sad face.

"그나저나, 크리스마스 휴가 전인데 왜 집에 가는 거니?"
"음... 수술operation을 받아야 해서요.
  뇌에 종양tumor이 생겼거든요."
그녀는 안타까운 표정을 지었다.

나는 호텔로 갔다.

🎧 17

I went _____ .

나는 내린 후에 호텔로 갔다.

I went to the hotel _____.

나는 펜 역에 내린 후에 호텔로 갔다.

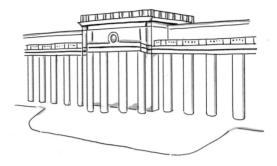

I went to the hotel after getting off _____

_____ .

* Penn station 펜 역

펜 역에 내려서 나는 호텔로 갔다.

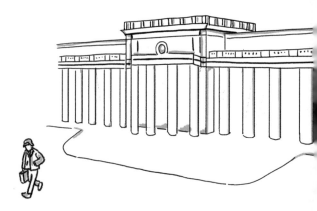

I went to the hotel after getting off at Penn Station.

그 호텔은 정말 지저분했다.

The hotel, _____.

* **really** 정말로, 아주
* **messy** 지저분한, 엉망인

이상한 사람들로 가득 찬 그 호텔은 정말 지저분했다.

The hotel, _____

was really messy.

* full of ~로 가득찬
* strange 이상한, 낯선

저 늙은 남자 같이 **이상한 사람들로 가득 찬**
그 호텔은 정말 지저분했다.

The hotel, full of the strange people _____ _____ was really messy.

저 늙은 남자 같이 여자 옷 입는 것을 즐기는
이상한 사람들로 가득 찬 그 호텔은 정말 지저분했다.

The hotel, full of the strange people like the
old man _____
_____, was really messy.

* women's clothes 여자 옷

여자 옷을 입기를 즐기는 저 늙은 남자 같은 이상한 사람들이 가득 찬 그 호텔은 정말 지저분했다.

The hotel, full of the strange people like the old man enjoying wearing women's clothes, was really messy.

I missed my sister Phoebe.

She was the prettiest and smartest kid in the world.

동생 피비가 보고 싶어졌다.

그 애는 이 세상에서 가장 예쁘고 똑똑한 아이였다.

19

I wanted to call her.

But if my parents answer the

phone and know that I'm in New York,

I'll be in big trouble.

나는 그 애에게 전화하고 싶었다.

그러나 부모님이 전화를 받아 내가 뉴욕에 있다는 걸 알게 된

다면 큰일이 날_{be in big trouble} 것이다.

나는 홀에서 나왔다.

20

I got out _____.

나는 로비에 있는 홀에서 나왔다.

I got out of the hall _____.

* lobby 로비

나는 어울린 뒤에 로비에 있는 홀에서 나왔다.

I got out of the hall in the lobby _____

_____ .

* hang out 어울리다, 몰려다니다

나는 세 명의 여자와 어울린 뒤에 로비에 있는 홀에서
나왔다.

I got out of the hall in the lobby after hanging

out _____ .

나는 영화 배우들에 미쳐 있는 세 명의 여자와 어울린 뒤에 로비에 있는 홀에서 나왔다.

I got out of the hall in the lobby after hanging

out with three women _____

_____.

* crazy about ~에 빠져 있는

나는 로비의 홀에서 영화 배우들에 미쳐 있는 세 명의
여자와 잠시 어울린 뒤 그곳을 빠져 나왔다.

I got out of the hall in the lobby after
hanging out with three women crazy about
movie stars.

나는 제인에 대해 떠올리고 있었다.

21

I was thinking _____ .

나는 나와 정말 가까웠던 제인에 대해 떠올리고 있었다.

I was thinking of Jane _____

_____.

* close 가까운

나는 정신적으로 나와 정말 가까웠던 제인에 대해 떠
올리고 있었다.

I was thinking of Jane who was really close to

me _____ .

* mentally 정신적으로

나는 정신적으로 정말 친밀한 관계였던 제인을
떠올리고 있었다.

I was thinking of Jane who was really close to me mentally.

She wasn't pretty, but I liked her.

Jane's mother remarried a drunk man.

One day when we played chess, Jane cried

because of the man.

그 애는 예쁘지는 않았지만, 나는 그 애를 좋아했다.

제인의 어머니는 술주정뱅이인 남자와 재혼을 했다 remarried.

언젠가 우리가 체스를 둘 때, 제인은 그 남자 때문에 울었다.

Then I comforted her.

We also went to see a movie.

Holding hands with Jane felt really good.

그때 나는 그 애를 위로해주었다comforted.

우리는 영화도 보러 갔다.

제인과 손을 잡고 있으면 정말 기분이 좋았다.

나는 택시를 탔다.

I _____.

* **took a taxi** 택시를 탔다 (원 take a taxi)

나는 어니 클럽으로 가기 위해 택시를 탔다.

I took a taxi _____ .

* Ernie Club 어니 클럽

나는 나의 형 D.B.가 자주 갔던 어니 클럽으로 가기
위해 택시를 탔다.

I took a taxi to go to Ernie Club, _____

_____ .

* often 자주

나는 유명한 작가인 나의 형 D.B.가 자주 갔던 어니 클럽으로 가기 위해 택시를 탔다.

I took a taxi to go to Ernie Club, where
my brother D.B. _____
_____ often went.

* writer 작가

나는 유명한 작가인 나의 형 D.B가 자주 갔던 어니 클럽으로 가기 위해 택시를 탔다.

I took a taxi to go to Ernie Club, where my brother D.B. who is a famous writer often went.

I asked the taxi driver about my old curiosity.

"Hey, do you know where the ducks

  in Central Park go in winter?"

"How would I know that?"

He looked impatient.

나는 택시 기사에게 내 오래된 궁금증_{curiosity}에 대해 물었다.

"저기, 센트럴 파크의 오리들이 겨울_{winter}에 어디로 가는지

  아십니까?"

"그걸 내가 어떻게 알겠소?"

그는 성질이 급해_{impatient} 보였다.

But he turned around and said,

"Fish don't go anywhere when the

lake freezes. Just think about it."

그렇지만 그는 다시 몸을 돌려turned around 말했다.

"물고기들은 호수가 얼어도freezes 아무 데도 가지 않는다오.

그걸 생각해보시오."

어니 클럽에서, 나는 끔찍한 기분을 느꼈다.

At the Ernie Club, I _____.

* terrible 끔찍한, 소름 끼치는

어니 클럽에서, 나는 피아니스트를 봐서 끔찍한 기분을 느꼈다.

At the Ernie Club, I felt terrible
_____ .

* **terrible** 끔찍한, 소름 끼치는
* **pianist** 피아니스트

어니 클럽에서, 나는 박수갈채를 받는 피아니스트를
봐서 끔찍한 기분을 느꼈다.

At the Ernie Club, I felt terrible to see the
pianist _____ .

* applaud 박수를 치다, 갈채를 보내다

어니 클럽에서, 나는 멍청한 사람들에 의해
박수갈채를 받는 피아니스트를 봐서 끔찍한 기분을
느꼈다.

At the Ernie Club, I felt terrible to see the pianist applauded _____ .

* foolish 바보 같은, 어리석은

어니 클럽에서, 나는 바보 같은 사람들에게
박수갈채를 받는 피아니스트를 보고 끔찍한 기분을
느꼈다.

At the Ernie Club, I felt terrible to see the pianist applauded by the foolish people.

내 형의 친구가 말했을 때에도 마찬가지였다.

The same was true _____

_____ .

내가 우연히 만난 내 형의 친구가 말했을 때에도
마찬가지였다.

The same was true when my brother's friend,

_____ **said.**

* by chance 우연히, 뜻밖에

내가 우연히 만난 내 형의 친구가 그가 굉장하다고
말했을 때에도 마찬가지였다.

The same was true when my brother's friend, whom I met by chance, said _____

_____ .

* great 대단한, 엄청난

내가 우연히 만난 내 형의 친구가 단지 그가
할리우드에 갔기 때문에 그가 굉장하다고
말했을 때에도 마찬가지였다.

The same was true when my brother's friend, whom I met by chance, said he was great

_____

_____ .

* just because 오로지 ~이므로
* Hollywood 할리우드

우연히 만난 형의 친구가 형이 할리우드에 갔다는
이유만으로 굉장하다고 말했을 때도 마찬가지였다.

The same was true when my brother's friend, whom I met by chance, said he was great just because he went to Hollywood.

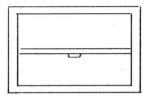

아침에 나는 샐리에게 전화했다.

27

I called Sally, _____.

* on the morning 아침에

내가 일어난 아침에 나는 샐리에게 전화했다.

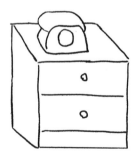

I called Sally, on the morning _____ .

* woke up 정신을 차렸다(원 wake up)

내가 호텔에서 일어난 아침에 나는 샐리에게
전화했다.

I called Sally, on the morning I woke up _____
_____ .

호텔에서 잠에서 깨어난 아침에, 나는 샐리에게 전화를 걸었다.

I called Sally, on the morning I woke up in the hotel.

우리는 만나기로 약속했다.

28

We promised _____.

우리는 2시에 만나기로 약속했다.

We promised to meet _____ .

* at 2 o'clock 2시에

우리는 시계탑에서 2시에 만나기로 약속했다.

We promised to meet at 2 o'clock _____
_____ .

* clock tower 시계탑

우리는 빌트모어에 있는 시계탑에서 2시에 만나기로
약속했다.

We promised to meet at 2 o'clock at the clock tower _____.

* Biltmore 빌트모어

우리는 빌트모어에 있는 시계탑에서 2시에 공연을 보기 위해 만나기로 약속했다.

We promised to meet at 2 o'clock at the clock tower in Biltmore _____ _____ .

* performance 공연

우리는 빌트모어에 있는 시계탑에서 2시에 만나
공연을 보기로 약속했다.

We promised to meet at 2 o'clock at the clock tower in Biltmore to see the performance.

나는 두 명의 수녀를 만났다.

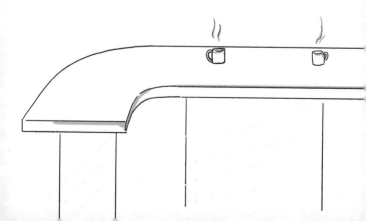

29

I met _____ **.**

* nun 수녀

나는 값싼 가방을 든 두 명의 수녀를 만났다.

I met two nuns _____.

* cheap (값이) 싼

나는 아침을 먹던 중에 값싼 가방을 든 두 명의 수녀
를 만났다.

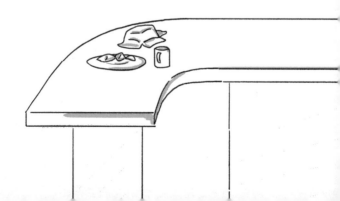

I met two nuns with cheap bags _____

_____ .

* **while** ~하는 동안(에)

나는 샌드위치 식당에서 **아침을 먹던 중에** 값싼 가방을 든 두 명의 수녀를 만났다.

I met two nuns with cheap bags while having breakfast _____.

* sandwich bar 샌드위치 전문 식당

나는 샌드위치 식당에서 아침을 먹다가 값싼 가방을
든 두 수녀를 만났다.

I met two nuns with cheap bags while having breakfast at a sandwich bar.

그들의 검소한 태도는 나를 우울하게 했다.

30

Their frugal attitude _____.

* **depressed** 우울하게 만들다(원 depress)

그들의 검소한 태도는 왜인지 나를 우울하게 했다.

Their frugal attitude depressed me _____.

* somehow 왜 그런지, 왠지

그들의 검소한 태도는 왜인지 나를 우울하게
만들었다.

Their frugal attitude depressed me somehow.

내가 공원에 갔음에도 불구하고 나는 피비를 만날 수
없었다.

I couldn't meet Phoebe _____

_____.

* even though ~에도 불구하고

내가 그녀가 자주 가는 공원에 갔음에도 불구하고 나
는 피비를 만날 수 없었다.

I couldn't meet Phoebe even though I went to
the park _____ .

* often 자주

나는 피비가 자주 가는 공원으로 갔지만, 그 애를
만날 수 없었다.

I couldn't meet Phoebe even though I went to the park where she goes often.

Sally, whom I met at Biltmore, was very
beautiful.

"Holden! Long time no see. I'm a bit late."

빌트모어에서 만난 샐리는 굉장히 아름다웠다.

"홀든! 오랜만이야. 내가 좀bit 늦었지."

"It's okay. How are you?"

I must have been crazy, but suddenly

I wanted to marry her.

"괜찮아. 잘 지냈어?"

미친 게 분명했지만, 갑자기 그녀와 결혼하고 싶다는 생각이

들었다.

I hugged her in the taxi and said I loved her. We watched the performance together and went to the bar.

난 택시에서 그녀를 끌어안고_{hugged} 사랑한다고 말했다.
우리는 함께 공연_{performance}을 본 뒤 바에 갔다.

"Holden, won't you come to help

  decorate the tree on Christmas Eve?"

"Of course."

I thought I wanted to live with her.

"홀든. 크리스마스 이브에 트리 장식하는_{decorate} 걸 도와주러

  오지 않을래?"

"당연하지."

나는 그녀와 함께 살고 싶다고 생각했다.

"도망가지 않을래?"

"Why don't you _____?"

* run away 도망치다, 떠나다

"나랑 도망가지 않을래?"

"Why don't you run away _____?"

"차를 타고 나랑 도망가지 않을래?"

"Why don't you run away with me _____
_____?"

* by a car 차로, 차를 타고

"내 친구에게서 빌린 **차를 타고** 나랑 도망가지
않을래?"

"Why don't you run away with me by a car
_____?"

* borrowed 빌린

"내 친구에게서 약 2주 동안 빌린 차를 타고 나랑
도망가지 않을래?"

"Why don't you run away with me by a car borrowed from my friend _____ _____ ?"

"내 친구에게서 차를 2주 정도 빌려서 나랑 도망가지
않을래?"

"Why don't you run away with me by a car borrowed from my friend for about two weeks?"

그러나 나는 끔찍한 싸움을 벌였다.

🎧 34

But I _____ .

* fight 싸움

그러나 나는 샐리와 끔찍한 싸움을 벌였다.

But I had a terrible fight _____.

그러나 그녀가 거절했기 때문에 나는 샐리와 끔찍한
싸움을 벌였다.

But I had a terrible fight with Sally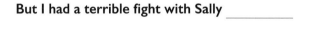

_____ .

* **rejected** 거절했다, 거부했다(원 reject)

그러나 그녀가 내 제안을 거절했기 때문에 나는 샐리
와 끔찍한 싸움을 벌였다.

But I had a terrible fight with Sally because she rejected _____ .

* **offer** 제안, 제의

그러나 샐리가 나의 제안을 거절했기 때문에
나는 그녀와 끔찍한 싸움을 벌였다.

But I had a terrible fight with Sally because she rejected my offer.

나는 나의 친구였던 칼 루스에게 전화를 걸었다.

I called Carl Luce _____

_____.

나는 옛 학교에서 나의 친구였던 칼 루스에게 전화를
걸었다.

I called Carl Luce who was my friend _____

_____.

그녀가 돌아간 뒤에, 나는 옛 학교에서 나의 친구였던 칼 루스에게 전화를 걸었다.

I called Carl Luce who was my friend at the
old school, _____.

그녀가 돌아간 뒤에, 나는 옛 학교의 친구였던
칼 루스에게 전화를 걸었다.

I called Carl Luce who was my friend at the old school, after she went back.

그는 나를 보기 위해 왔다.

🎧 36

He came _____.

그는 나를 보기 위해 잠깐 왔다.

He came to see me _____ .

그는 나를 보기 위해 잠깐 왔다. 그리고 재빨리
나갔다.

He came to see me for a while, _____

_____ .

* quickly 빨리, 곧

그는 나를 보기 위해 잠깐 왔다. 그리고 왜냐하면 그는 가야 했기 때문에 재빨리 나갔다.

He came to see me for a while, and then went

out quickly _____ .

그는 나를 보기 위해 잠깐 왔다. 그리고 왜냐하면
그는 데이트에 가야 했기 때문에 재빨리 나갔다.

He came to see me for a while, and then went
out quickly because he had to go _____
_____ .

* go on a date 데이트하러 가다

그는 나를 잠깐 보러 왔다가, 데이트에 가야 했기 때문에 금방 나가버렸다.

He came to see me for a while, and then went out quickly because he had to go on a date.

I called Sally back.

"Sally? Is that Sally?"

"Yes. Don't yell."

"Listen to me. I'll be there for Christmas.
  To decorate the tree."

나는 샐리에게 다시 전화를 걸었다.

"샐리? 샐리야?"

"그래. 소리 지르지_{yell} 마."

"내 말 좀 들어봐. 크리스마스에 꼭 갈게.
  트리 장식을 하러 말이야."

37

"Okay. Now go to bed."

"Good night, my baby girl,

lovely Sally!"

I can't believe I said this.

As soon as I hung up, I regretted it.

"알았어. 이제 그만 자."

"잘 자, 우리 예쁜이, 사랑스러운 샐리!"

내가 이런 말을 했다니. 전화를 끊자마자, 나는 후회했다regretted.

나는 눈물을 흘렸다.

I _____.

* shed (피, 눈물 등을) 흘리다

나는 지독한 외로움의 눈물을 흘렸다.

I shed tears _____ .

나는 식당으로 되돌아가면서 **지독한 외로움의 눈물을**
흘렸다.

I shed tears of terrible loneliness _____

_____ .

* **as** ~하는 동안에

나는 식당으로 되돌아가면서 지독한 외로움에 눈물을
흘렸다.

I shed tears of terrible loneliness as I went
back to the bar.

일들을 더 나쁘게 만들면서,

To make matters _____,

* worse 더 나쁘게, 엉망으로

일들을 더 나쁘게 만들면서, 심지어 레코드까지
떨어뜨렸다.

To make matters worse, _____
_____.

일들을 더 나쁘게 만들면서, 심지어 내가 피비를
위해 산 레코드까지 떨어뜨렸다.

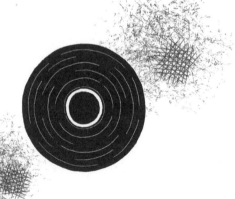

To make matters worse, even the record _____ fell.

일들을 더 나쁘게 만들면서, 심지어 내가 피비를 위해
산 레코드까지 바닥으로 떨어뜨렸다.

To make matters worse, even the record I
bought for Phoebe fell _____.

* ground 땅(바닥)

일들을 더 나쁘게 만들면서, 심지어 내가 피비를 위해
산 레코드까지 바닥으로 떨어뜨렸다.
그리고 조각으로 부서졌다.

To make matters worse, even the record I
bought for Phoebe fell to the ground _____

_____ .

* **shattered** 산산조각 났다, 산산이 부서졌다(원 shatter)
* **into pieces** 동강동강

설상가상으로, 피비를 위해 산 레코드까지 바닥에
떨어져 산산조각이 났다.

To make matters worse, even the record I bought for Phoebe fell to the ground and shattered into pieces.

나는 피비를 보러 가기로 결정했다.

I decided _____.

나는 그 애가 너무 그리웠기 때문에 **피비를 보러**
가기로 결정했다.

I decided to go to see Phoebe _____

_____ .

피비가 너무 그리웠기 때문에 나는 그 애를 보러
가기로 결심했다.

I decided to go to see Phoebe because I missed her so much.

I opened the front door secretly, and entered
Phoebe's room holding my breath.

"Holden!"

나는 몰래_{secretly} 현관문을 열고, 숨죽인 채_{holding my breath} 피비의
방에 들어갔다.

"홀든!"

She clasped my neck in her arms.

"Don't talk too loud. How have you

   been?" "I've been well.

   Why did you come so early?"

그 애는 내 목을 두 팔로 꼭 안았다clasped.

"너무 크게loud 말하진 마. 잘 지냈어?"

"잘 지냈지. 왜 이렇게 일찍 왔어?"

"Did you ever get expelled from school
   again?"
"No, just because the vacation started
   early..."

"설마 또 퇴학당했어_{get expelled}?"
"아냐. 그냥 방학이 일찍 시작돼서..."

"Oh, my God. You've been expelled!"

She started hitting my leg.

She buried her face in her pillow.

"이럴 수가. 퇴학당한 거지!"

그 애는 내 다리를 때리기 시작했다.

그 애는 베개pillow에 얼굴을 파묻었다buried.

피비의 말은 나를 우울하게 만들었다.

Phoebe's words _____

_____ .

* **made** 만들었다(원 make)
* **depressed** 우울한, 심체된

내가 모든 것을 싫어한다는 피비의 말은 나를
우울하게 만들었다.

Phoebe's words _____

_____ made me depressed.

내가 이 세상의 모든 것을 싫어한다는 피비의 말은
나를 우울하게 만들었다.

Phoebe's words that I hate everything _____ _____ made me depressed.

내가 세상의 모든 것을 싫어한다는 피비의 말은
나를 우울하게 만들었다.

Phoebe's words that I hate everything in the world made me depressed.

"Just tell me one thing you like."

"I like Allie. And what I am doing now..."

"Allie is dead!"

"오빠가 좋아하는 걸 하나라도 말해봐."

"나는 앨리가 좋아. 그리고 지금 하고 있는 일도......."

"앨리는 죽었잖아!"

"Tell me something else. Like what
  you want to be in the future."
Then I had a really crazy idea.
"Do you know the song, 'Coming Through
  the Rye'?"

"다른 걸 말해줘. 앞으로 되고 싶은 거나."
그때 나는 정말 미친 생각을 했다.
"너, '호밀밭Rye을 지나며'라는 노래 알아?"

"나는 생각하곤 했어."

44

"I _____."

* **used to** ~하곤 했다

"나는 파수꾼이 되고 싶다고 생각하곤 했어."

"I used to think _____
_____**."**

"나는 아이들을 지키는 파수꾼이 되고 싶다고
생각하곤 했어."

"I used to think that I wanted to be a

watchman _____."

* protect 보호하다, 지키다

"나는 행복하게 뛰어다니는 아이들을 지키는
파수꾼이 되고 싶다고 생각하곤 했어."

"I used to think that I wanted to be a watchman to protect the children _____ _____."

* happily 행복하게

"나는 호밀밭에서 행복하게 뛰어다니는 아이들을
지키는 파수꾼이 되고 싶다고 생각하곤 했어."

"I used to think that I wanted to be a watchman to protect the children running happily _____ ."

"나는 호밀밭에서 행복하게 뛰어노는 아이들을
  지켜주는 파수꾼이 되고 싶다고 생각하곤 했어."

"I used to think that I wanted to be a watchman to protect the children running happily in the rye."

나의 부모님들께서 집에 오셨다.

45

My parents _____.

피비와 내가 웃고 있을 때 **나의 부모님께서** 집에
오셨다.

My parents came home _____

_____ .

* laugh 웃다

피비와 내가 함께 춤을 추며 웃고 있을 때
나의 부모님들께서 집에 오셨다.

My parents came home when Phoebe and I
were laughing, _____.

피비와 내가 함께 춤을 추며 웃고 있을 때
부모님께서 집에 돌아오셨다.

My parents came home when Phoebe and I were laughing, dancing together.

"Phoebe, I'm going now."

I whispered quietly.

"But do you have any money? I'm broke."

"I do. It's Christmas allowance."

"I don't need this much..."

"피비, 이제 그만 갈게."

나는 조용히 속삭였다whispered.

"그런데 돈 좀 가진 거 있니? 나는 빈털터리거든."

"있어. 크리스마스 용돈allowance이지만."

"이렇게 많이는 필요 없는데……."

"Pay it back later."

I started crying for her money.

She hugged me.

I gave my dear red hunting cap to her and

came out.

"나중에 갚아_{pay back}."

나는 그 애의 돈을 받고 울기 시작했다.

그 애는 나를 끌어안아 주었다.

나는 그 애에게 아끼는_{dear} 빨간 사냥 모자를 주고 밖으로

나왔다.

나는 가장 우울했다.

47

I was _____.

* most 가장, 최대의

나는 내가 이제까지 살아왔던 때 중 가장 우울했다.

I was the most depressed _____

_____.

내가 일어났을 때 나는 내가 이제까지 살아왔던 때 중
가장 우울했다.

I was the most depressed I've ever lived

_____ .

* **woke up** 일어났다(원 wake up)

내가 나의 잠에서 일어났을 때 나는 내가 이제까지
살아왔던 때 중 가장 우울했다.

I was the most depressed I've ever lived when

I woke up _____.

내가 대합실에서 나의 잠에서 일어났을 때
나는 내가 이제까지 살아왔던 때 중 가장 우울했다.

I was the most depressed I've ever lived when
I woke up from my sleep _____
_____ .

* **waiting room** 대합실, 대기실

대합실에서 잠을 자다 깨어났을 때,
나는 이제까지 살아왔던 때 중 제일 우울했다.

I was the most depressed I've ever lived when
I woke up from my sleep in the waiting room.

나는 찾으면서 걸었다.

48

I walked _____.

* **in search of** ~을 찾아서

나는 수녀님들을 찾으면서 걸었다.

I walked in search _____.

나는 거리에서 수녀님들을 찾으면서 걸었다.

I walked in search of the nuns _____

_____.

나는 크리스마스 분위기로 가득한 거리에서
수녀님들을 찾으면서 걸었다.

I walked in search of the nuns on a street _____

_____ .

* full of ~로 가득찬
* atmosphere 분위기, 기운

나는 크리스마스 분위기로 가득한 거리에서
수녀님들을 찾으며 걸었다.

I walked in search of the nuns on a street full of Christmas atmosphere.

나는 그 애에게 편지를 전해주기 위해 피비의 학교로
갔다.

49

I went to Phoebe's school _____

_____.

* deliver 배달하다

나는 결심한 채로 그 애에게 편지를 전해주기 위해
피비의 학교로 갔다.

I went to Phoebe's school to deliver a letter to her, _____.

* determined 단단히 결심한

나는 서부에서 살겠다고 결심한 채로 그 애에게
편지를 전해주기 위해 피비의 학교로 갔다.

I went to Phoebe's school to deliver a
letter to her, determined _____
_____ .

나는 눈과 귀가 먼 체하며 서부에서 살겠다고 결심한 채로 그 애에게 편지를 전해주기 위해 피비의 학교로 갔다.

I went to Phoebe's school to deliver a
letter to her, determined to live in the West

_____

_____.

* pretend ~인 척하다
* blind 눈이 먼
* deaf 귀가 먹은

나는 서부에서 눈과 귀가 먼 척하며 살기로 결심하고
피비에게 편지를 전해주기 위해 그 애의 학교로 갔다.

I went to Phoebe's school to deliver a letter to her, determined to live in the West pretending to be blind and deaf.

[Dear Phoebe.

I'm going to leave for the West today.

So come to the entrance of the art museum

by 12:15.

I'll return your Christmas allowance, too.]

〔사랑하는 피비에게.

나는 오늘 서부로 떠날 예정이야.

그러니 12시 15분까지 미술 박물관museum 입구entrance로 와.

네 크리스마스 용돈도 돌려줄게return.〕

She came to the museum at 1:25.

She was carrying a suitcase,

wearing a hat I gave her.

"I will leave with you."

그 애는 1시 25분에 박물관으로 왔다.

그 애는 내가 선물한 모자를 쓰고 여행 가방_{suitcase}을 들고
있었다.

"나도 오빠랑 같이 갈래."

나는 그녀에게 말해야 했다.

I _____ .

* tell 말하다, 알리다

나는 아무데도 가지 않는다고 나는 말해야 했다.

I had to tell her _____

_____.

그녀가 계속했기 때문에 나는 아무데도 가지
않는다고 나는 말해야 했다.

I had to tell her that I wasn't going anywhere

_____.

* **kept** ~을 계속 했다(원 keep)

그녀가 나에게 소리지르기를 계속했기 때문에 나는
아무데도 가지 않는다고 나는 말해야 했다.

I had to tell her that I wasn't going anywhere,

because she kept _____.

* **yell at** ~에게 소리치다

그녀가 나에게 울면서 소리지르기를 계속했기 때문에
나는 아무데도 가지 않는다고 나는 말해야 했다.

I had to tell her that I wasn't going anywhere, because she kept yelling at me _____ .

* in tears 울며, 눈물을 흘리며

그 애가 울면서 내게 계속 떼를 썼기 때문에, 나는
그 애에게 아무 데도 가지 않을 거라고 말해야 했다.

I had to tell her that I wasn't going anywhere, because she kept yelling at me in tears.

그리고 나는 동물원으로 발걸음을 옮겼다.

And I took a step _____ .

* zoo 동물원

그리고 그녀가 나를 따라오는 동안 나는 동물원으로
발걸음을 옮겼다.

And I took a step to the zoo _____

_____ .

* follow 따라오다

그리고 그 애가 나를 따라오는 동안 동물원으로
발걸음을 옮겼다.

And I took a step to the zoo while she was following me.

I let Phoebe ride a merry-go-round.

She is madly fond of merry-go-rounds.

"Are you serious about what you said earlier?

 That you are not going anywhere."

She kissed me as her anger melted away.

나는 피비에게 회전목마merry-go-round를 타게 해주었다.

그 애는 회전목마를 미칠 정도로 좋아한다.

"아까earlier 말한 거 정말이야?아무 데도 안 간다는 거 말이야."

화가 풀리자melted away 그 애는 내게 키스했다.

🎧 53

"You're really coming home,

  aren't you?"

"Yes."

I didn't lie to her.

Because I really went home later.

"정말 집으로 올 거지?"

"그래."

나는 그 애에게 거짓말을 한 게 아니다.

정말로 나중에 집으로 돌아갔으니까 말이다.

나는 벤치에 앉아 있기를 계속했다.

I kept _____ .

* sit on ~의 위에 앉다

나는 피비를 바라보면서 벤치에 앉아 있기를
계속했다.

I kept sitting on the bench _____

_____.

* stare at ~을 응시하다

갑작스러운 비에도 불구하고 나는 피비를 바라보면서
벤치에 앉아 있기를 계속했다.

I kept sitting on the bench staring at her,

_____.

* **despite** ~에도 불구하고
* **sudden** 갑작스러운, 급작스러운

갑자기 비가 퍼붓는데도 나는 그 애를 바라보며 벤치
에 계속 앉아 있었다.

I kept sitting on the bench staring at her,
despite the sudden rain.

나는 너무 행복하다고 느꼈다.

I _____ .

나는 소리를 지르고 싶을 정도로 너무 행복하다고
느꼈다.

I felt so happy _____

_____ .

* **scream** (흥분 등으로) 괴성을 지르다

나는 마구 소리를 지르고 싶을 정도로
너무 행복하다고 느꼈다.

I felt so happy that I wanted to scream

_____.

* **badly** 몹시, 심하게

아마도 피비가 너무 예뻐 보였기 때문에, 나는 마구
소리를 지르고 싶을 정도로 너무 행복하다고 느꼈다.

I felt so happy that I wanted to scream
badly, _____

_____ .

* perhaps 아마도, 어쩌면

아마도 파란 코트를 입은 피비가 너무 예뻐 보였기 때문에, 나는 마구 소리를 지르고 싶을 정도로 너무 행복하다고 느꼈다.

I felt so happy that I wanted to scream badly, perhaps because Phoebe _____ _____ looked so pretty.

파란 코트를 입은 피비가 너무 예뻐 보여서인지,
나는 소리를 마구 지르고 싶을 정도로 행복감을
느꼈다.

I felt so happy that I wanted to scream badly, perhaps because Phoebe in a blue coat looked so pretty.

I am going to talk about the ridiculous things that happened before the last Christmas season when my health went down suddenly. In December, I was kicked out of Pencey Preparatory School for failing four subjects. So instead of watching a soccer match, I went to see Mr. Spencer, who teaches history. It made me depressed to meet the sick and old teacher.

"You're quitting school, aren't you?"

"Yes, I think so."

"What do you think your parents would do if they heard the news?"

"I think they are going to get angry. This was the fourth school I moved to."

The teacher began to scold at me.

"You must be worried about the future. But it may be too late then."

"Yes. It may be so."

I wanted to get out of the teacher's house.

"I think I should go to the gym now. Thank you, Mr. Spencer."

I felt good coming back to my room in the quiet dormitory which was built recently. Then, Robert Ackley with horribly dirty teeth came into my room after taking a shower.

"How did the fencing match go?" Ackley asked me,

fingering my things.

"There was no match."

"How could that happen?"

"I left all the fencing gear on the subway."

"Really? Aren't you the captain supposed to pay for everything?"

He cut his nails sneering at me.

"Ackley! Damn it. Can't you cut those dirty nails on the table?"

At that time, my roommate Stradlater rushed into the room as if he had something urgent. Stradlater, who is a really handsome man, said he was going to meet Jane Gallagher, who once lived next door to me.

I became nervous endlessly when I thought Jane is with such a bad guy. Stradlater asked me to do his English writing homework and then went out. I had no choice but to start writing about my brother, Allie.

[My brother used to write poems in green ink everywhere on the baseball glove. He was two years younger than me, but about fifty times smarter. But he died of leukemia in 1946. The day he died, I smashed all the windows in the garage with my fist.]

When Stradlater came back, I quarreled with him while questioning him about what he did with Jane. I felt so lonely, when I looked out the window with both my body and mind exhausted. So I made up my mind to leave school right away.

I walked to the station and took the train.

A few stops later, a beautiful middle-aged woman sat next to me.

"Hey, isn't that a Pencey Preparatory School's sticker?"

"Yes."

"Oh! My son, Ernest, goes to Pencey too."

I began to lie.

"At first I thought Ernest was arrogant, but he wasn't. He was modest. We all wanted him to be class president."

"By the way, why do you go home before Christmas vacation?"

"Well... I have to get an operation. I have a tumor in my brain."

She made a sad face.

I went to the hotel after getting off at Penn Station. The hotel, full of the strange people like the old man enjoying wearing women's clothes, was really messy.

I missed my sister Phoebe. She was the prettiest and

smartest kid in the world. I wanted to call her. But if my parents answer the phone and know that I'm in New York, I'll be in big trouble.

I got out of the hall in the lobby after hanging out with three women crazy about movie stars. I was thinking of Jane who was really close to me mentally. She wasn't pretty, but I liked her.

Jane's mother remarried a drunk man. One day when we played chess, Jane cried because of the man. Then I comforted her. We also went to see a movie. Holding hands with Jane felt really good.

I took a taxi to go to Ernie Club, where my brother D.B. who is a famous writer often went. I asked the taxi driver about my old curiosity.

"Hey, do you know where the ducks in Central Park go in winter?"

"How would I know that?" He looked impatient.

But he turned around and said, "Fish don't go anywhere when the lake freezes. Just think about it."

At the Ernie Club, I felt terrible to see the pianist applauded by the foolish people. The same was true when my brother's friend, whom I met by chance said, he was great just because he went to Hollywood.

I called Sally, on the morning I woke up in the hotel. We promised to meet at 2 o'clock at the clock tower in Biltmore to see the performance. I met two nuns with cheap bags while having breakfast at a sandwich bar. Their frugal attitude depressed me somehow.

I couldn't meet Phoebe even though I went to the park where she goes often.

Sally, whom I met at Biltmore, was very beautiful.

"Holden! Long time no see. I'm a bit late."

"It's okay. How are you?"

I must have been crazy, but suddenly I wanted to marry her. I hugged her in the taxi and said I loved her. We watched the performance together and went to the bar.

"Holden. Won't you come to help decorate the tree on Christmas Eve?"

"Of course." I thought I wanted to live with her.

"Why don't you run away with me by a car borrowed from my friend for about two weeks?"

But I had a terrible fight with Sally because she rejected my offer. I called Carl Luce who was my friend at the old school, after she went back.

He came to see me for a while, and then went out quickly because he had to go on a date. I called Sally back drunk.

"Sally? Is that Sally?"

"Yes. Don't yell."

"Listen to me. I'll be there for Christmas. To decorate the tree."

"Okay. Now go to bed."

"Good night, my baby girl, lovely Sally!"

I can't believe I said this. As soon as I hung up, I regretted it. I shed tears of terrible loneliness as I went back to the bar. To make matters worse, even the record I bought for Phoebe fell to the ground and shattered into pieces.

I decided to go to see Phoebe because I missed her so much. I opened the front door secretly, and entered Phoebe's room holding my breath. "Holden!" She clasped my neck in her arms.

"Don't talk too loud. How have you been?"

"I've been well. Why did you come so early? Did you

ever get expelled from school again?"

"No, just because the vacation started early..."

"Oh, my God. You've been expelled!"

She started hitting my leg. She buried her face in her pillow. Phoebe's words that I hate everything in the world made me depressed.

"Just tell me one thing you like."

"I like Allie. And what I am doing now..."

"Allie is dead! Tell me something else. Like what you want to be in the future."

Then I had a really crazy idea.

"Do you know the song, 'Coming Through the Rye'? I used to think that I wanted to be a watchman to protect the children running happily in the rye."

My parents came home when Phoebe and I were laughing, dancing together.

"Phoebe, I'm going now."

I whispered quietly.

"But do you have any money? I'm broke."

"I do. It's Christmas allowance."

"I don't need this much..."

"Pay it back later."

I started crying for her money. She hugged me. I gave my dear red hunting cap to her and came out.

I was the most depressed I've ever lived when I woke up from my sleep in the waiting room. I walked in search of the nuns on a street full of Christmas atmosphere. I went to Phoebe's school to deliver a letter to her, determined to live in the West pretending to be blind and deaf.

[Dear Phoebe. I'm going to leave for the West today.

So come to the entrance of the art museum by 12:15. I'll

return your Christmas allowance, too.]

She came to the museum at 1:25. She was carrying a

suitcase, wearing a hat I gave her. " I will leave with you."

I had to tell her that I wasn't going anywhere, because

she kept yelling at me in tears.

And I took a step to the zoo while she was following

me. I let Phoebe ride a merry-go-round. She is madly

fond of merry-go-rounds.

"Are you serious about what you said earlier? That you

are not going anywhere." She kissed me as her anger

melted away.

"You're really coming home, aren't you?"

"Yes." I didn't lie to her. Because I really went home

later.

I kept sitting on the bench staring at her, despite the sudden rain. I felt so happy that I wanted to scream badly, perhaps because Phoebe in a blue coat looked so pretty.